호기심 팡팡 지식이 쏙쏙 시리즈 ②

조지 이스트먼, 세상에 카메라를 선물하다!

발명가 Mr.코닥

조지 이스트먼, 세상에 카메라를 선물하다!

발명가 Mr.코닥

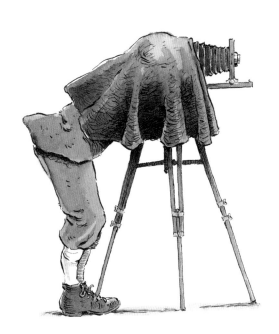

달과소

영원히 기억해요!

오늘은 쉬는 날이에요.
나는 카메라를 들고,
친구가 내 쪽을 볼 때마다
친구 얼굴을 예쁘게 담아요.

나는 조명을 들고
친구 얼굴을 밝게 빛나게 해요.
친구는 예쁘게 서서
사진 찍기 좋게 자세를 잡아요.

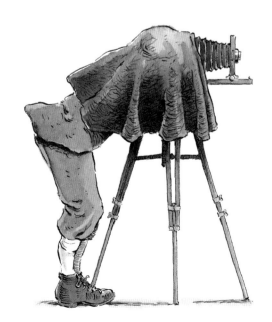

앞으로 움직여요. 왼쪽으로 움직여요.

뒤로 가요. 오른쪽으로 가요.

카메라를 보고 서세요.

나는 초점을 맞추고, 또 맞추어요.

이제 정말 완벽해요.

나는 숨을 멈추어요.

내 숨에 친구도 잠깐 멈추어요.

다 됐어요.

지금이에요.

자, 찍습니다.

찰칵!

이제 영원히 기억될 거예요.

삼각대

세 발이 달린 받침대. 실험 기구나 측정 기구 따위를 고정해주는 역할을 합니다. 카메라와 함께 쓰는 삼각대는 카메라를 흔들림 없이 고정시켜 주는 역할을 하지요.

사진을 찍을 때 손이나 몸이 흔들리면 사진이 흐릿하게 나오는데 이런 삼각대가 있으면 훨씬 안정적으로 사진을 찍을 수 있어서 깨끗하고 또렷한 사진을 얻을 수 있답니다.

사진에 보이는 옛날 삼각대는 나무로 되어 있지만, 요즘은 들고 이동하기 편한 플라스틱이나 가볍고 단단한 재질의 금속으로 만듭니다.

사진 습판 / 사진 건판

사진 속에 옛날 카메라와 그 옆에 네모난 모양의 판이 하나 보이지요? 1800년대에 발명한 카메라는 사진을 찍을 때 이러한 판이 꼭 필요했어요. 카메라에 담은 풍경이나 모습들이 저 판 속에 담겼거든요. 판은 대개 유리나 금속으로 만들어졌습니다.

카메라 발명 초기에는 판에 습기가 있는 '습판'으로 사진을 찍었어요. 빛에 반응하는 특수한 용액을 판에 발라 촉촉하게 하고, 촉촉함을 유지하는 잠깐 동안만 사진을 찍을 수 있었지요. 코닥 회사를 세운 조지 이스트먼도 사진을 처음 배울 때에는 습판을 이용해 사진을 촬영하는 기술부터 익혔어요.

건판은 습판 이후에 발명되었는데 빛이 닿으면 변화를 일으키는 약품을 판에 바른 뒤 말려서 만들었어요. 습판보다는 보관이나 촬영하는 과정이 훨씬 편리했지요. 조지 이스트먼은 이러한 건판을 대량 생산하면서 세상에 이름을 드러내기 시작했습니다.

필름

지금은 디지털 카메라를 많이 쓰고 있지
만, 2000년 이전만 해도 대부분 필름을
넣어 사진을 찍는 필름 카메라를 사용했
어요. 필름은 빛에 닿아 변질되지 않도록
검은 통 안에 든 채로 팔렸습니다.

위아래로 구멍이 송송 나 있는 갈색 부분은 빛이 닿지 않도
록 필름의 몸통 안에 휴지처럼 돌돌 말려 있어요. 카메라를
열어 필름을 넣고 뚜껑을 닫으면 촤르륵– 필름 감기는 소리
가 들렸지요. 그럼 촬영 준비는 모두 끝. 찰칵! 소리가 나는
셔터를 눌러서 사진을 찍으면 필름 속에 모습이 기록됐어요.

현상(現像)

카메라로 촬영한 모습을 우리 눈에 보이도록 만드는 과정을 '현상'이라고 합니다. 아래
의 사진들은 필름 카메라로 촬영한 뒤 사진을 얻는 과정을 요약해서 보여주고 있어요.
사진을 현상할 때 이용하는 어두운 방(암실)에서 필름을 특수 용액에 담근 뒤 적절한 온
도를 맞추어 주면 필름에 그림이 나타나요. 처리를 마친 필름을 현미경처럼 생긴 확대기
에 놓고 바닥에는 흰 종이(인화지)를 두고 강한 빛을 쬐어준 뒤, 종이를 인화액에 담갔다
가 정착액에 담갔다가, 맑은 물에 헹군 뒤 말려주면 소중한 사진이 완성됩니다.

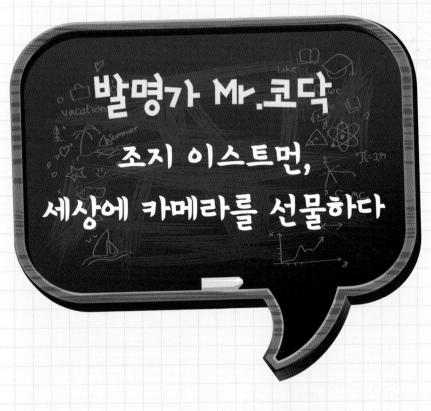

발명가 Mr. 코닥

조지 이스트먼,
세상에 카메라를 선물하다

고작 열네 살, 조지 이스트먼은 학교를 그만두어야 했어요. 아버지가 돌아가시자 집안 형편이 어려워졌거든요.

조지는 어머니와 여동생 둘을 돌봐야했지요. 조지는 보험회사에 들어가 잔심부름을 열심히 했습니다.
어른이 되어서는 은행원이 되어 더욱 더 열심히 일했지요. 하지만 조지에게 은행 일은 지루했어요.

"이제 좀 쉬고 싶어요."
어느 날 조지가 말했습니다.
그러자 어머니가 이렇게 말했어요.
"취미를 좀 가져 보면 어떻겠니?"
취미! 조지는 그림을 좋아했지만, 그림을 그리지는 못했어요. 어쩌면 그 대신 카메라로 사진을 찍을 수도 있을 거예요.

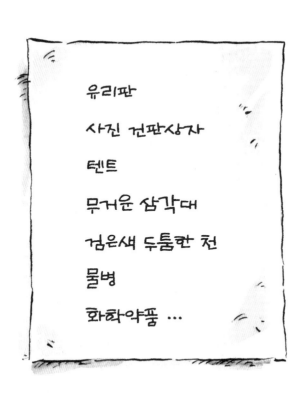

유리판

사진 건판상자

텐트

무거운 삼각대

검은색 두툼한 천

물병

화학약품 …

1877년, 당시 카메라는 전자레인지 크기하고 비슷했어요.
게다가 사진을 찍으려면 장비가 엄청 많이 필요했어요.
조지는 필요한 목록을 만들어 보았어요.

그리고는 재료를 사러 집을 나섰지요.
조지는 짐을 한가득 싣고 상점을 나섰어요.
그리고 보니 조지의 새 취미는
퍽 힘이 들었어요!

13

조지 이스트먼은 미국 뉴욕 주 로체스터에 살았습니다. 로체스터에는 강을 건너는 돌다리 하나가 있었습니다. 사진을 찍기엔 근사한 장소였지요.

어느 날 아침, 조지는 텐트와 삼각대를 등에 졌습니다. 손에는 카메라, 유리판, 사진 건판상자, 검은 천, 물병, 화약약품을 들었지요. 조지는 자신이 마치 짐을 잔뜩 실어 나르는 말이 된 기분이었습니다!

어쨌거나 사진 찍을 준비는 다 마친 셈이지요.

가는 길에 슈퍼마켓 주인을 만났어요.

"자네 어디 가는가?"

"사진 찍으러 가지요."

조지가 대답했어요.

"그래, 나도 따라가서 구경해야겠는걸."

길을 죽 내려가는데, 빵집 주인이 나와 조지와 슈퍼마켓 주인이 어디 가나 궁금해 했어요.

"조지가 사진 찍으러 간답니다."
슈퍼마켓 주인이 대답했지요.
"와! 나도 따라가서 구경해야겠는걸."
빵집 주인이 대답했어요.

빵집 주인은 조지와 슈퍼마켓 주인을 따라나섰어요. 순식간에, 대장
장이, 구두장이를 비롯해 많은 사람들이 그 뒤를 따랐어요!

돌다리에 이르러 갑자기 조지에게 좋은 생각이 떠올랐어요.

조지는 사람들을 향해 소리쳤어요.

"전부 모이세요. 제가 여러분 사진을 찍어드릴게요."

"와, 이게 웬일이야?"

슈퍼마켓 주인이 얼른 앞으로 나섰습니다.

"당연히 찍어야지."

빵집 주인도 나섰어요.

"난 사진관에서만 사진을 찍는 줄 알았어."

"난 평생 사진 찍는 거 처음 보는데."

대장장이가 말했어요.

"사진이 뭔데?"

구두장이는 이렇게 물었고요.

18

조지는 텐트로 들어가서 유리판을 준비했어요. 화학약품이
든 넓은 그릇에 유리판을 담갔어요. 유리판이 뿌옇게 변하자
얼른 카메라로 달려갔어요. 유리판이 마르면 안 되거든요.
그랬다가는 전부 다 다시 해야 할 테니까요.

이제 유리판을 제자리에 끼웠어요. 조지는 검은 천으로 카메라를 덮어씌우고 자신도 그 안으로 들어갔어요. 사람들은 꼼짝 않고 서 있었어요. 조지는 숨을 멈추었어요. 찰칵!

조지는 그 유리판을 현상하려고 텐트로 돌아갔어요. 천천히 조심스럽게 했지요. 유리판을 떨어뜨리면 절대 안 돼요. 그랬다가는 와장창 부서져 버릴 테니까요.

화학약품을 엎지르면 안 돼요. 그랬다가는 조지 옷에 숭숭 구멍이 뚫리고 피부에 화상을 입을 테니까요.

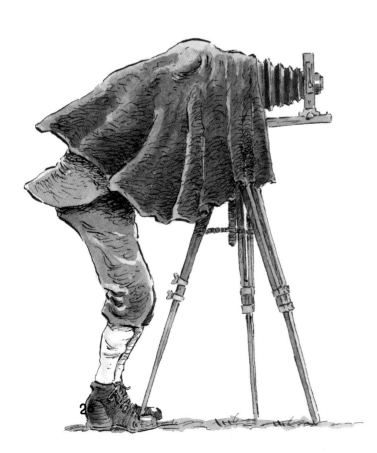

시간이 더디 흘렀습니다. 사람들은 지루했어요.

"난 가게 보러 가야 해."

슈퍼마켓 주인이 말했어요. 그러자 대장장이도 말했어요.

"우리 집 말이 날 기다리고 있을 텐데."

구두장이도 고개를 끄덕였어요. 손 봐야 할 구두가 엄청 많았거든요.

마침내 사진이 나왔습니다.
조지는 사진을 허공에 이리저리 흔들면서 외쳤어요.
"다들 와서 한번 보세요!"

그런데 아무도 없었어요.
모두들 이미 마을로 돌아가 버렸기 때문이죠.

조지는 사진 찍는 일이 퍽이나 즐거웠습니다.

"사람들이 전부 사진을 찍을 수 있으면 좋겠어요. 정말 재미있어요."

"네가 어떻게 좀 해 보렴."

어머니가 부추겼습니다.

당시 카메라를 가질 수 있는 사람은 많지 않았어요.

카메라가 너무 비쌌거든요. 값싼 카메라도 25달러나 되었어요.

몇 주 동안 열심히 일해야 벌 수 있는 돈이었지요!

"건판이 있으면 사진 찍기 훨씬 쉬울 텐데!"

조지가 말했어요.

조지는 연필로 글씨를 쓰는 것만큼이나

손쉽게 찍을 수 있는 카메라를 갖고 싶었어요.

그때부터 조지는 은행에서 일을 마치고 집으로 돌아오면, 매일 건판 만드는 일에 매달렸습니다. 어머니의 부엌에서 화학약품을 섞었어요. 어머니의 오븐에 유리판을 구웠고요. 아침이면 종종 어머니는 부엌 바닥에서 곯아떨어진 아들을 보곤 했답니다.

꼬박 3년이 걸려서 만족할 만한 건판을 만들 수가 있었어요.
조지는 길 건너 집 사진을 찍으면서 시험을 해 보았어요.
"됐어!"
조지가 소리쳤습니다.
"듣던 중 반가운 소식이구나."
어머니는 얼른 부엌을 다시 되찾고 싶었거든요.

조지가 만든 건판은 엄청난 성공을 거두었답니다. 당시에 회전문 다음으로 최고의 발명품이었지요!

곧 조지는 큰돈을 벌어서 은행을 그만두고, 1881년 건판 회사를 직접 차렸어요. 하지만 머지않아 이 건판이 필요 없어지리라는 걸 조지는 알았습니다.

조지에게는 또 다른 생각이 있었어요. 바로 필름이에요!
4년 만에 조지는 돌돌 마는 롤필름을 처음으로 만들어 냅니다.
롤필름은 사진을 찍는 완전히 새로운 방식이었어요.
더 이상 번거로울 일이 없었어요!

"더 이상 유리판은 필요 없어!"
조지가 자신 있게 말했습니다.
"대단하구나!"
어머니도 심드렁 대답했어요.
어머니는 이제 카메라 얘기라면 귀가 따가웠거든요.

조지가 다음으로 생각해 낸 것은 그야말로 최고 중에 최고였습니다.
누구나 찍을 수 있는 카메라!
작고 가벼우면서도 필름을 넣을 수 있는 카메라였어요.

조지가 만든 새로운 카메라에 이름이 있어야 했어요. 알파벳 케이(K)
의 발음이 왠지 좋았던 조지는 카메라 이름에 케이 두 개를 넣었어요.
'코닥(KODAK)'은 마치 셔터를 누를 때 나는 소리와 비슷했답니다.

조지는 회사 이름을 이스트먼 코닥 컴퍼니로 지었어요.
조지는 광고 문구도 썼지요.
"여러분은 셔터만 누르십시오. 나머지는 저희가 다 하겠습니다."

이 새로운 카메라는 금세 사람들의 인기를 얻었습니다.

필름 한 롤만 있으면 사진 백 장을 찍을 수 있었어요! 사진을 다 찍으면, 이스트먼 코닥 회사로 카메라랑 같이 보냈지요. 그러면 카메라와 함께 사진도 따라왔어요. 더 찍을 수 있는 필름을 넣어서요!

조지가 만든 카메라는 곧 전 세계적으로 유명해졌습니다.

그래도 카메라에 대한 조지의 생각은 멈출 줄을 몰랐답니다. 조지는 아이들도 재미있게 사진을 찍었으면 했어요.

조지는 이 새로운 카메라의 이름을 '브라우니'라고 지었습니다. 가격은 단 돈 1달러였지요.

새로운 카메라 덕분에 조지는 부자가 되었습니다. 조지는 이제 로체스터에 방이 50개나 있는 호화저택을 지었어요. 조지는 평생을 가난하게 살던 어머니와 함께 호화저택으로 이사했습니다. 어머니가 남은 생을 넉넉하게 살기를 바랐지요.

조지의 저택에는 현대적인 편의시설이 다 있었습니다. 전화기 스물한 대, 방마다 꽂아 쓸 수 있는 진공청소기가 있고, 엘리베이터는 물론이고 커다란 파이프 오르간도 있었어요. 아침마다 조지와 조지 어머니가 식사를 할 때면 오르간 연주자가 연주를 했답니다.

조지는 너그러운 사람이었어요. 기부도 아주 많이 했어요. 로체스터에 있는 치과병원에도 큰돈을 기부해서 아이들이 아주 싼값에 치아 검진을 받을 수 있었지요.

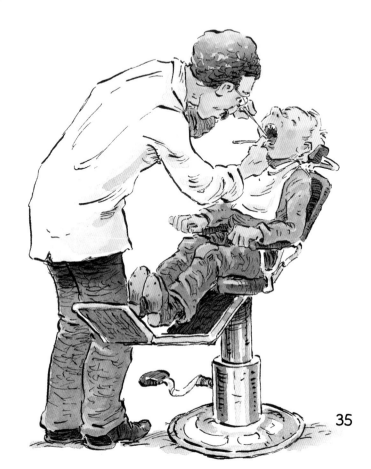

조지는 평생 사진을 찍었습니다.
대단한 사진 마니아라고 여길지도 모르겠네요.
조지는 이 말을 아주 좋아했지요.
"한 장의 사진은 천 마디 말보다 값지다."

조지는 여행을 할 때면 사진을 찍었습니다.
집에 머물 때도 사진을 찍었습니다.
조지는 자기 카메라를 들여다보며 구도를 잡았어요.
그러고는 이렇게 외쳤답니다.

"자, 치즈해 보세요!"
그러면 사람들은 따라했지요.

멋진 사진을 찍으려면!

조지 이스트먼이 살던 시대 이후,
카메라는 정말 많이 달라졌습니다.

오늘날에는 디지털 카메라가 여러분의 사진을 담지요.
이제는 컴퓨터에 옮겨 담을 수 있어서
그 사진을 이메일로 친구에게 보내기도 하고,
좋아하는 사진을 바탕화면에 저장해 둘 수도 있어요.
또 프린트해서 벽에 걸어 두기도 하지요.
이 모든 걸 하루에 다 할 수 있습니다!

사진 찍기는 쉽지만,
조금만 알면 훨씬 더 멋진 사진을 찍을 수 있어요.
여기 멋진 사진을 찍는 몇 가지 도움말이 있으니 잘 기억해 두세요.

"찍기 전에 먼저 구도를 잘 잡아요."
친구 머리 위로 나무나 기둥이 툭 튀어나오는 걸 바라진 않겠지요!
사소한 것들이 너무 많이 들어가면 사진이 재미가 없어요.
"찍고 싶은 가장 멋진 장면에 초점을 맞추세요. 잘 맞춘 다음, 버튼을
누르세요."
그러면 멋진 사진이 나올 거예요!

Mr. 코닥! 조지 이스트먼은 누구?

George Eastman

조지 이스트먼(1854~1932)은 이 세상에 카메라를 널리 보급한 발명가입니다. 카메라와 필름으로 유명한 회사 코닥(KODAK)을 만들었고, 전 세계적으로 큰 성공을 거두며 사진 산업의 발전을 이끌었습니다.

미국 뉴욕 로체스터에 세워져 있는
조지 이스트먼의 동상 ⓒRyan Hyde

• 아버지의 빈 자리를 채운 14살 어린 가장

조지 이스트먼은 1854년 7월 12일 미국 뉴욕의 워터빌에서 태어났어요. 조지의 가족이 로체스터로 이사한 지 2년이 되던 해에 안타깝게도 조지의 아버지는 돌아가셨지요. 집안 형편이 어려워져서 조지는 14살까지만 학교에 다니고 홀어머니, 누이 둘과 함께 생계를 책임지는 어린 가장이 되었습니다.

생계를 꾸려 나가기 위해 조지는 보험 회사의 잡일을 돕는 사환으로 사회에 첫발을 내디뎠어요.

성실하고 꼼꼼한 성격에 숫자 감각까지 좋았던 조지는 시간이 지날수록 회사에서 능력을 발휘했습니다. 착실히 경력을 쌓은 뒤에는 은행으로 직장을 옮기게 되었지요. 은행에서 일하는 동안에도 조지는 자기가 맡은 일을 성실히 해냈고, 예전보다 월급도 많이 올라서 안정적인 생활을 꾸려 나갈 수 있게 되었답니다.

• 여행을 즐기던 청년이 사진의 매력에 빠졌어요

삶에 여유가 생긴 조지는 미국 이곳저곳으로 여행을 떠나고는 했습니다. 1800년대 후반의 미국은 교통이 발달하지 않아서 여행하기가 어려웠지만, 조지는 먼 길을 훌쩍 떠나는 용감한 젊은이였습니다.

1877년 여행을 준비하던 조지에게 누군가 카메라를 들고 가서 그곳의 풍경들을 사진으로 담아오면 어떻겠냐고 얘기했어요. 조지는 그 사람의 말을 귀담아듣고 당장 카메라를 샀지요. 사진 찍을 때 필요한 재료도 몽땅 사고, 전문가에게 사진 수업도 들었습니다. 비록 다른 일이 생겨 여행은 못 가게 되었지만, 그때부터 조지는 사진에 푹 빠져서 많은 시간을 보냈어요. 카메라와 사진 기술에 대한 자료라면 빠짐없이 읽었고요.

조지가 사진을 배우던 그 시기의 카메라는 크기가 전자레인지만큼 커서 들고 다니기도 힘들고, 그 밖에도 챙겨야 할 짐들이 엄청 많았습니다. 사진을 한번 찍으려면 아주 많은 시간과 노력이 필요했지요.

처음 발명된 카메라는 셔터를 누른 뒤에도 오랫동안 자세를 그대로

뉴욕 로체스터에 자리 잡은 코닥 회사 건물입니다. ⓒZack Seward

유지한 채 가만히 있어야 했어요. 촬영한 건판을 사진으로 만드는 것도 매우 오랜 시간이 걸리는 일이었고요.

카메라와 사진 기술에 대한 지식이 없는 평범한 사람들은 아예 사진을 찍을 수조차 없었지요. 당시만 해도 사진은 아주 적은 수의 사람만이 즐길 수 있는 비싸고 까다로운 취미였거든요.

• 카메라를 연필만큼 편리하게!

'사진을 좀 더 쉽고, 편리하게 찍는 방법은 없을까?'

조지의 머릿속에는 항상 이 물음표가 따라다니기 시작했어요. 질문의 답을 찾기 위해서 낮에는 은행 일을 하고, 밤에는 사진을 연구하는 데 열중했지요. 1880년 로체스터의 한 건물 다락방을 빌려 판매용 건판을 만들어 팔기 시작했어요. 조지는 아예 일 년 뒤 직장까지 그만두고 '이스트먼 건판 앤 필름 회사'를 차려 사진 산업에 본격적으로 뛰어들었지요.

다행히도 회사는 얼마 안 가 좋은 성과를 내기 시작했습니다. 1885년에는 최초의 투명사진 필름인 '아메리칸 필름' 개발에 성공했고, 회사는 꾸준한 성장을 이어갔습니다. 카메라를 연필만큼 편리하게 만들겠다는 조지의 다짐은 확신에 차 있었어요.

• 사람들의 기억에 오래 남는 쉬운 이름, 영리한 광고

　　조지 이스트먼은 사업 감각이 매우 뛰어난 사람이었어요. 카메라와 건판, 필름을 만드는 기술도 물론 중요하지만, 그것만큼 회사의 제품을 사람들에게 효과적으로 알리는 것도 중요하다고 생각했거든요.

　　1888년, 새로 개발한 카메라를 시장에 내놓으면서 조지는 단어 앞뒤로 알파벳 K를 넣어 '코닥(KODAK)'이라는 특별한 이름을 붙여줬어요. 코닥 카메라는 날개 돋친 듯 팔렸고, 나중에는 회사 이름까지도 코닥으로 바뀌게 되었습니다. 조지에게도 미스터 코닥이라는 별명이 자연스레 생겨났지요.

코닥의 초기 광고 ①'당신은 버튼만 누르세요. 나머지는 저희가 할게요.' 편리함을 강조한 대표적인 코닥의 광고 ②아이들이 장난감처럼 가지고 놀 수 있는 1달러 브라우니 카메라 광고 ③1911년 코닥걸 광고 남녀노소 누구나 사진을 즐길 수 있도록 편하게 다가가려는 코닥의 생각이 담겨 있습니다.

조지 이스트먼(왼쪽)과 발명왕 에디슨(오른쪽). 에디슨은 코닥에서 만든 롤필름을 약간 변형시켜서 활동사진을 만들었답니다. 활동사진은 요즘의 영화와 같아요.

• 세상에 카메라를 선물한 조지 이스트먼, 따뜻한 마음까지 함께 나눠요.

　시간이 갈수록 코닥 회사의 제품은 뛰어난 기술력과 친근한 광고로 많은 사람들의 사랑을 받았습니다. 사진하면 코닥이라는 이름부터 떠올릴 정도였지요. 밖에서 들고 다녀도 될 만큼 작아진 카메라, 무거운 짐을 사라지게 해 준 간편한 필름. 사람들은 더 이상 카메라와 사진을 어렵게 느끼지 않았어요. 아이, 아줌마, 할아버지… 누구든 카메라를 가지고 손쉽게 사진을 찍을 수 있는 세상이 된 것이지요.

　내놓는 제품마다 좋은 반응을 얻은 만큼 조지 이스트먼은 엄청난 부를 얻게 되었어요. 효자였던 조지는 넓은 집으로 이사를 했고, 어머니를 평생 극진히 모시면서 살았습니다.

조지 이스트먼의 손길이 남아 있는 집은 현재 국제사진박물관이 되었고, 사진과 카메라의 역사를 배울 수 있는 다양한 자료를 제공하고 있습니다.

회사에 이익이 생기면 혼자서 많이 가지려 하던 당시의 경영자들과는 다르게 조지는 코닥의 직원들과 이익을 나누는 넉넉한 사람이었어요. 제품을 팔아서 생긴 이익의 대부분은 기술을 연구하고, 제품을 광고하거나 직원들의 월급을 높여 주어 일하기 좋은 회사 환경을 만드는 데 썼지요.

그 밖에도 교육 관련 단체 여러 곳에 기부를 하고, 가끔씩은 이름을 밝히지 않은 채로 도움이 필요한 곳에 큰돈을 보내주기도 했어요. 로체스터를 예술의 중심지로 만들고, 이스트먼음악학교를 만들고, 과학을 지원하고, 아픈 사람들을 위해 치과에 기부를 하는 등 다양한 선행을 펼쳤지요.

한 사람이 해낸 일이라고 믿을 수 없을 만큼 그는 사진 산업을 크게 발전시켰고, 자신이 받은 사랑을 사회에 나눌 줄 아는 따뜻한 사람이었습니다.

카메라와 사진의 역사 지금까지 어떻게 변해 왔을까요?

카메라와 사진의 발전 속에는 무수히 많은 과학자와 발명가의 노력이 숨어 있어요. 오랜 시간에 걸쳐 얻게 된 작고 큰 과학적 성과가 쌓이고 쌓여서, 마침내 순간을 영원하게 만드는 카메라와 사진을 탄생시켰습니다.

1826년 카메라 옵스큐라(암상자 카메라)로 촬영한 최초의 사진

프랑스의 조제프 니세포르 니에프스가 세계 최초로 찍은 사진입니다. 사진의 제목은 '연구실 창문에서 보이는 풍경'이고, 1826~1827년 여름에 촬영한 사진이라고 추측하고 있지요. 무려 8시간에 걸쳐 찍은 사진이고, 백랍 금속판에 그림이 담겨 있습니다. 니에프스는 자신이 발명한 사진을 '태양이 그린 그림'이라는 뜻에서 '헬리오그래피'라는 이름을 붙여 주었어요.

니에프스가 찍은 세계 최초의 사진

1837년 다게레오타이프 은판 사진

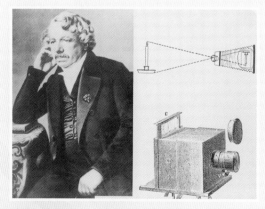

다게르의 초상과 다게레오타이프 카메라

프랑스의 루이 자끄 망테 다게르는 사진의 아버지라고 불렸어요. 다게르는 다게레오타이프라는 카메라에 은판을 넣어 사진을 찍었지요. 한번은 망친 은판을 화학약품 보관함에 넣어 두었는데, 며칠 뒤에 그 판을 꺼내 보니 선명한 그림이 나타나 있었어요. 보관함에 들어 있던 수은 증기가 영향을 주어서 은판 속의 그림이 또렷하게 나타났던 거예요. 그날의 발견이 없었다면 사람들은 지금도 카메라 앞에서 8시간을 기다려야 했을지 몰라요.

1888년 필름 카메라 코닥(KODAK)

조지 이스트먼은 1884년 돌돌 말리는 롤필름을 최초로 만들었습니다. 1888년에는 롤필름을 이용한 소형 카메라를 내놓았지요. 예전에는 사진을 찍으려면 큰 카메라와 습판이나 건판을 따로 들고 다녀야 했는데 코닥에서 내놓은 제품은 훨씬 편리했어요. 카메라 안에 필름이 들어가 있어서 따로 판을 갈아 넣지 않고 연달아 사진을 찍기만 하면 됐거든요.

롤필름이 들어 있는 코닥 카메라
ⓒNational Museum of American History

1935년 컬러 사진을 있게 해 준 코다크롬(Kodachrome)

1935년 레오폴드 만스와 레오폴드 고도프스키가 함께 개발한 최초의 컬러 필름 코다크롬. 이 컬러 필름이 발명되기 전까지만 해도 세상의 사진은 흑과 백이 전부였어요. 사진에 생기 넘치는 고운 빛깔을 입혀 준 코다크롬은 필름 카메라뿐 아니라 8mm 무비 카메라에도 사용되었지요. 아주 오랜 시간 동안 사랑받았지만 디지털 카메라의 발명 이후 필름 카메라를 찾는 사람들이 줄어들면서 2009년 6월 22일 75년의 역사를 끝으로 코다크롬은 더 이상 만들지 않아요.

1948년 폴라로이드 카메라로 만들어 내는 즉석 사진

미국의 발명가이자 물리학자인 에드윈 랜드가 발명한 폴라로이드 카메라. 필름 카메라를 쓰던 사람들은 대부분 사진관에 필름을 맡겼다가 며칠 뒤에 사진을 받았지만 폴라로이드 카메라는 찍자마자 현상과 인화가 동시에 이루어져 사진을 바로 얻을 수 있었어요.

폴라로이드 카메라
ⓒJosh Graciano

1975년 디지털 카메라

미국의 스티브 새슨이 세계 최초로 디지털 카메라를 이용해 흑백사진을 찍었어요. 사진을 찍으면 오디오 카세트 테이프에 사진이 기록됐고, 테이프 하나에는 사진 80장이 저장됐지요. TV로도 사진을 확인할 수 있었고요. 그 이후 전문 디지털 카메라를 1991년 코닥에서 내놓았고, 이때부터 현대의 카메라 시장이 만들어졌어요. 필름 카메라의 인기는 떨어지고 디지털 카메라가 완전히 압도하게 된 것이지요. 스티브 새슨은 한국코닥의 초청으로 2005년 우리나라를 방문해 특별 강연을 하기도 했습니다.

호기심 팡팡 지식이 쏙쏙 시리즈 ❷

조지 이스트먼, 세상에 카메라를 선물하다!
발명가 Mr.코닥

1판 1쇄 펴낸날 2015년 4월 17일

지은이 모니카 쿨링
그린이 빌 슬라빈
옮긴이 김선희

펴낸이 은보람
펴낸곳 도서출판 달과소
출판등록 2010년 6월 21일 제2010-000054호
주소 우) 140-902 서울시 용산구 후암동 403-15
전화 02-752-1895 | 팩스 02-752-1896
전자우편 book@dalgwaso.com
홈페이지 www.dalgwaso.com
찍은곳 한빛인쇄

ISBN 978-89-91223-63-9 [73990]

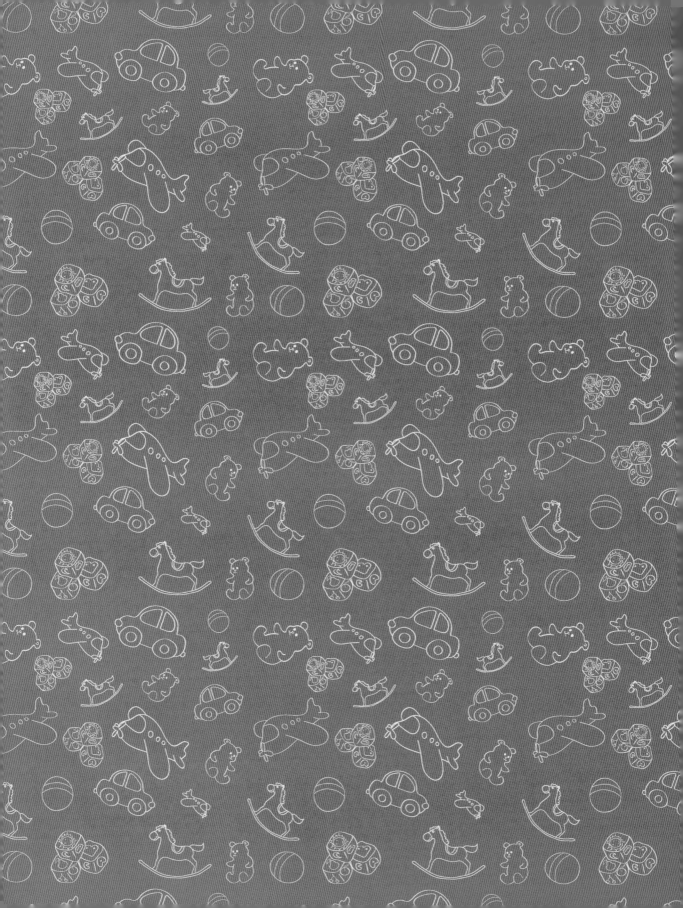